DE L'INDIVISIBILITÉ

DE

L'ACCEPTATION D'UNE HÉRÉDITÉ

PAR

LOUIS GUÉNÉE

Avocat,

Docteur en droit.

Extrait de la REVUE CRITIQUE DE LÉGISLATION ET DE JURISPRUDENCE.

PARIS

LIBRAIRIE COTILLON

F. PICHON, SUCCESSEUR, IMPRIMEUR-ÉDITEUR,

Libraire du Conseil d'État et de la Société de législation comparée

24, RUE SOUFFLOT, 24.

1892

DE L'INDIVISIBILITÉ

DE

L'ACCEPTATION D'UNE HÉRÉDITÉ

DE L'INDIVISIBILITÉ

DE

L'ACCEPTATION D'UNE HÉRÉDITÉ

PAR

LOUIS GUÉNÉE

Avocat,
Docteur en droit.

Extrait de la REVUE CRITIQUE DE LÉGISLATION ET DE JURISPRUDENCE.

PARIS

LIBRAIRIE COTILLON

F. PICHON, SUCCESSEUR, IMPRIMEUR-ÉDITEUR,
Libraire du Conseil d'État et de la Société de législation comparée
24, RUE SOUFFLOT, 24.

—

1892

DE L'INDIVISIBILITÉ

DE

L'ACCEPTATION D'UNE HÉRÉDITÉ

---

1. Nous nous proposons de présenter une théorie d'ensemble sur un point de droit assez complexe; nous nous heurterons parfois à des idées communément reçues, admises peut-être sans examen suffisant, et que l'on n'a pas toujours, nous semble-t-il, rattachées à un principe satisfaisant et rationnel.

Celui qui est appelé à recueillir une hérédité, à bénéficier d'un legs quelconque, peut-il scinder la vocation qu'il tient de la loi ou de la volonté de l'homme, accepter pour partie seulement et répudier pour le reste soit le legs, soit la succession? En d'autres termes, l'acceptation est-elle indivisible, l'héritier, le légataire sont-ils impuissants à la restreindre et n'ont-ils d'autre alternative qu'une acceptation ou une répudiation totale?

2. A la question ainsi posée, la réponse est fournie par des textes du droit romain passés à l'état d'axiomes : « *Qui totam he-* « *reditatem adquirere potest, is pro parte eam scindendo adire* « *non potest* », dit Paul, dans la loi 1, *De adquir. vel omitt. hered.*, 29. 2. D., et Ulpien ajoute : « *Sed et si quis ex* « *pluribus partibus in ejusdem hereditate institutus sit, non* « *potest quasdam partes repudiare, quasdam adgnoscere* [1]. »

---

[1] L. 2, *De adquir. vel omitt. hered.*, 29. 2. D.

L'hérédité apparaît ainsi comme un tout indécomposable, indivisible, de telle sorte qu'une même personne ne saurait être regardée à la fois comme héritière et comme étrangère à la succession. Cette règle se combinait d'ailleurs à merveille avec le principe d'incompatibilité absolue entre l'hérédité testamentaire et l'hérédité *ab intestat,* car la répudiation partielle de l'institué aurait eu pour effet de faire passer les biens délaissés à l'héritier légitime, de le mettre en concours avec l'héritier testamentaire, ce qui eût absolument répugné aux idées romaines.

En ce qui concerne les legs, les textes prohibent non moins énergiquement toute acceptation partielle : « *Legatarius pro parte adquirere, pro parte repudiare non potest* [1], » et ils appliquent cette prohibition au cas même où le legs porterait sur un ensemble d'objets considérés comme universalité : troupeau, pécule [2]...

3. La règle de l'indivisibilité de l'acceptation se retrouve dans l'ancien droit français où l'on regardait comme une disposition exceptionnelle et singulière, l'art. 3 du titre II de la Coutume du bailliage de Lille, qui portait : « *Il n'est nuls hoirs nécessaires, et peut un héritier appréhender portion de l'hoirie et répudier l'autre.* » Mais on doutait sur quelques-unes des applications de cette règle, car, en présence de la diversité des coutumes et en raison aussi d'un régime successoral qui établissait plusieurs catégories de biens distincts dans une même hérédité, elle était susceptible d'entraîner des conséquences que les jurisconsultes de Rome n'avaient pas pressenties quand ils la formulaient. Aussi bien n'est-il pas étonnant qu'un principe, importé du droit romain dans le droit coutumier, ait suscité quelques difficultés quand il s'était agi de le faire intervenir comme élément de solution dans des problèmes juridiques nés d'un état de choses nouveau.

4. Ainsi on se demandait si l'héritier pouvait accepter les immeubles en répudiant les meubles et échapper par là au paiement des dettes mobilières du défunt, dans les pays où les meu-

---

[1] L. 38, *De legat.* 1º D. Cf. L. 5 § 1, *De legat.* 2º D. ; Paul, *Sent.,* III, 6, § 12. Pothier, *Pandectes,* t. II, p. 346, nº 368.

[2] L. 6, *De legat.* 2º D.

bles seuls en étaient chargés [1] ; accepter pour les propres et refuser pour les acquêts. Les uns, partant de l'idée que ces diverses espèces de biens formaient, non pas une succession unique, mais autant de successions distinctes, permettaient de prendre pour chacune d'elles un parti différent ; Dumoulin, avant la réformation, en 1580, de la Coutume de Paris, écrivait sur l'art. 121 : « *Quia auctoritate consuetudinis quæ distinguit patrimonia,* « *videntur quasi duæ duorum hominum hereditates.* » Ce sentiment, toutefois, ne semble pas avoir prévalu et, dans le dernier état du droit coutumier, la tendance générale était de considérer les propres et les acquêts, les meubles et les immeubles, comme ne composant qu'une hérédité unique dont l'acceptation ne pouvait être divisée. « Ces divers patrimoines et ces différentes « sortes de biens, dit Laurière sur Loisel, sont les propres pater- « nels, les maternels, les acquêts et les meubles. Lorsque ces « différents biens sont déférés à une même personne, ce qui arrive « souvent, ils ne composent qu'une masse et qu'une même héré- « dité et, dans ce cas, celui à qui ils sont déférés ne peut pas ac- « cepter les propres et répudier les acquêts et les meubles, ni « répudier les propres et accepter les meubles et acquêts [2]. »

5. La difficulté devenait plus grande lorsque les biens hérédi- taires se trouvaient situés sur le territoire de plusieurs coutumes. Pour mettre en lumière l'intérêt que pouvait avoir le successible à diviser son option, il suffira de rappeler que, d'après la grande majorité des coutumes [3], les qualités d'héritier et de légataire étaient incompatibles et que quelques autres, dites coutumes de *compatibilité*, autorisaient le concours des deux titres [4]. L'héritier aurait donc eu avantage, le cas échéant, à cumuler ces deux qua-

[1] Le droit coutumier du dernier état inclinait à la répartition des diffé- rentes espèces de dettes proportionnellement à l'émolument de chaque hé- ritier dans l'actif héréditaire. V. *Coutume réformée de Paris*, art. 334. Re- nusson, *Traité des propres*, ch. 3, sect. 13, nº 15.

[2] *Institutes coutumières*, liv. 2, t. 4, règle 12, t. 1, p. 378. Adde, *Nou- veau Denizard*, vº *Héritier*, § 9, nº 7. Voir cependant Merlin, *Répert.* vº *Héritier*, sect. 6, § 10, art. 10.

[3] Paris, art. 300 ; Orléans, art. 288.

[4] Reims, art. 288 et 302 ; Tournai, t. 23, art. 4 ; Poitou, art. 216 ; Noyon, art. 16, Péronne, art. 205.

lités dans une coutume de compatibilité, et à renoncer dans une coutume d'incompatibilité pour ne venir que comme légataire. De même encore, en le supposant habile à succéder dans diverses coutumes d'incompatibilité, et institué légataire dans une seule, d'un objet excédant sa portion héréditaire, il avait intérêt à accepter dans celles où il n'était pas légataire et à répudier dans l'autre. Ces différents partis, l'héritier pouvait-il les prendre?

Pour la solution négative, on s'appuyait sur la loi 1, *De adquir. Vel omitt. hered.*, D., et c'était le sentiment de Ricard (*Traité des donations*, 3e édition, part. 1re, ch. 3, sect. 15, n°s 682 et 683, p. 145 et 146); de Lamoignon (*Arrêtés*, part. 5, tit. 44, *Des rapports*, n° 3); de Ferrière (art. 300, n° 27); de Laurière, sur l'art. 300 de la coutume de Paris, (t. III, p. 8). Cette doctrine, qui soulevait de vifs dissentiments, n'avait pas triomphé en jurisprudence. Le jurisconsulte flamand Burgundus, dont l'avis était regardé comme plus en harmonie avec les principes du vieux droit coutumier, dans son second traité sur la coutume des Flandres, se prononçait formellement en faveur de la liberté d'accepter la succession dans une coutume et de la répudier dans une autre : « *Constanter docemus*, disait-il, *totidem esse hereditates quot erunt bona diversis territoriis obnoxia*[1]. » Et telle était bien la portée de cette règle de Loisel : « Les Français, comme gens de guerre, ont reçu « plusieurs patrimoines et plusieurs sortes d'héritiers d'une seule « personne[2]. » En vain Boullenois objectait-il qu'il ne pouvait y avoir plusieurs successions, quand il n'y avait qu'un seul défunt. On récusait l'autorité des lois romaines en insistant sur les différences profondes qui séparaient, au point de vue successoral, le droit romain du droit coutumier. A Rome, où une loi uniforme déterminait la dévolution des successions, l'hérédité ne comprenait qu'un seul patrimoine et l'héritier y venait en vertu d'un titre unique. En droit français, au contraire, disait-on, autant de lois, de coutumes, autant de patrimoines « *quot consuetudines, tot hereditates* » ; le même individu appelé à succéder par plusieurs coutumes réunissait autant de titres séparés et distincts ; dès lors,

---

[1] Tract. 2, n° 17, cité par Denizard, *ubi suprà*.
[2] *Instit. cout.*, liv. 2, t. 5, règle 12, t. 1, p. 410.

il devait pouvoir les diviser[1]. Cette controverse témoigne que les jurisconsultes anciens rattachaient étroitement la règle de l'indivisibilité de l'acceptation à l'idée d'unité de patrimoine et que, dès que cette unité venait à être rompue parce que les biens ressortissaient de plusieurs coutumes, ils faisaient fléchir la règle : l'héritier qui n'aurait pu accepter pour partie dans une même coutume, le pouvait quand il succédait dans diverses coutumes ; en agissant ainsi, il ne divisait pas à proprement parler l'hérédité, il exerçait plutôt un choix entre les différentes successions qui lui étaient offertes.

6. Le Code de 1804 ne reproduit pas, sans doute, en termes explicites, le principe traditionnel de l'indivisibilité de l'acceptation, mais il renferme des applications qui ne peuvent laisser aucun doute sur son maintien. Lorsque plusieurs personnes viennent concurremment à une hérédité, l'art. 786 décide que les parts laissées vacantes par la renonciation de l'une, échoient, en vertu du droit d'accroissement, à celles qui ont accepté ; la disposition de ce texte, absolu et impératif, montre assez que l'acceptation d'un héritier s'applique virtuellement à la totalité de la succession, puisque la part de ses cohéritiers renonçants vient s'adjoindre à la sienne par droit de non décroissement, plutôt que par droit d'accroissement. Sa volonté serait impuissante à limiter l'acceptation qu'il avait faite au début, pour s'en tenir exclusivement à la portion qui lui était directement déférée. Une autre application résulte de l'art. 782, C. civ. : celui à qui une succession est échue, meurt avant d'avoir pris parti et laisse plusieurs héritiers auxquels il transmet, avec son patrimoine propre, le droit de l'accepter ou de la répudier de son chef. Tous doivent s'entendre sur l'option à faire et, en cas de désaccord, l'acceptation bénéficiaire leur est imposée. Voilà bien encore la consécration de l'indivisibilité. Etait-ce là, du moins, une conséquence nécessaire ? Beaucoup d'interprètes en doutent, lorsqu'ils rapprochent de l'art. 782 la disposition de l'art. 1475 qui permet à chacun des héritiers d'une femme commune en biens de se prononcer librement et d'accepter ou de répudier la communauté à

---

[1] Denizard, *op. cit.*, vᵒ *Héritier*, § 9, n° 8 ; Merlin, *loc. sup. cit.*

leur choix. Nous estimons que la différence dans les solutions données par ces deux textes s'explique parce que le législateur s'est
placé, dans les deux cas, à un point de vue différent. En matière
de succession, il a admis, à tort ou à raison, que le droit d'accepter était indivisible, tandis qu'il en a décidé autrement pour la
communauté ; aussi la même question est-elle diversement tranchée par les textes.

7. Quoi qu'il en soit, la maxime « *Nemo pro parte heres* » est
encore vraie aujourd'hui. L'héritier est appelé à la succession,
réellement ou éventuellement, pour le tout, il ne peut l'accepter
pour partie. Apte à succéder, par exemple, à raison d'un double
lien de parenté, dans la ligne paternelle et dans la ligne mater-
nelle, il ne saurait restreindre son acceptation aux biens d'une
seule ligne. Si la règle de l'indivisibilité existe encore, comment
la justifier? Quelle en est exactement la portée et l'étendue d'application? Quelle est, enfin, la sanction de la prohibition de l'acceptation partielle d'une hérédité? C'est à ces diverses questions
que nous voudrions répondre.

I.

8. Le principe de l'indivisibilité, appliqué à l'acceptation d'une
succession, était-il un de ceux qui s'imposent au législateur avec
un caractère de nécessité impérieuse? Nous avons quelque peine
à le croire. On dit que le patrimoine est indivisible comme la personnalité elle-même qu'il reflète et que cette indivisibilité continue à s'appliquer, après le décès du titulaire, à l'hérédité envisa-
gée comme objet du droit de succession[1]. Que le patrimoine soit
indivisible, en d'autres termes, qu'une personne ne puisse avoir
qu'un seul patrimoine, cela est d'évidence ! Mais pourquoi cette
indivisibilité lui survivrait-elle au point de se perpétuer à l'égard
de ceux qui recueillent ses biens en qualité d'héritiers ? On juge
de la divisibilité d'un droit par la divisibilité de son objet. Or le

[1] Aubry et Rau, t. VI, p. 232 et 256.

droit d'accepter une succession doit être divisible, parce que son objet, c'est-à-dire l'hérédité, l'est elle-même, étant composée de biens susceptibles de division au moins intellectuelle (art. 1217, C. civ.). De même que la divisibilité des obligations apparaît à la mort du débiteur ou du créancier (art. 1220, C. civ.), de même la divisibilité d'un patrimoine se révèle au décès de son propriétaire. Parlant du droit de la femme dans la communauté, Pothier disait « qu'il est divisible puisqu'il a pour objet quelque chose de divisible[1]. » Cette remarque, exacte aujourd'hui encore, d'après l'art. 1475, C. civ., et qui logiquement devrait conduire à permettre à la femme d'accepter partiellement la communauté, convient aussi à la matière des successions. Un héritier, guidé par un sentiment fort honorable, désire se contenter d'une part moindre que celle qui lui échoit, afin de faire profiter ses cohéritiers de sa renonciation partielle. Le but à réaliser est assurément des plus légitimes ; pourquoi donc ne serait-il pas possible de l'atteindre directement en évitant les frais et les formalités qu'entraîne toute disposition à titre gratuit ? Aujourd'hui, il n'est plus d'héritiers nécessaires, nul n'est héritier qui ne veut (art. 775, C. civ.), et il paraîtrait plus conforme aux principes modernes de respecter la volonté du successible dans la mesure exacte où il l'a manifestée, que de lui imposer, malgré lui, une renonciation ou une acceptation sans restriction. L'héritier ne peut changer la nature du titre que la loi lui défère : successeur universel, il ne saurait devenir successeur à titre particulier en déclarant se contenter de certains objets individuels. Mais, nous le répétons, nous n'apercevons pas de motif vraiment décisif qui l'eût empêché de limiter à une quote-part sa vacation héréditaire : le surplus resterait dans la masse successorale pour être dévolu à qui de droit, ou serait regardé comme vacant et régi par les dispositions que la loi a établies pour les successions vacantes.

9. Laissons là les critiques et voyons comment il serait possible d'expliquer, dans le système du Code, l'indivisibilité de l'acceptation. Le principe étant arbitraire et quelque peu subtil, il n'est pas étonnant que l'interprète éprouve un sérieux embarras à en découvrir la raison. Les travaux préparatoires ne donnent aucun

[1] *Traité de la Communauté*, n° 377.

éclaircissement sur ce sujet, et il paraît bien que les rédacteurs l'ont admis sur la seule foi des textes du droit romain rappelés au début. Quelques-uns, on l'a vu, allèguent comme justification le caractère indivisible de l'hérédité, mais, la question étant précisément de savoir si l'hérédité présente ce caractère, on donne ainsi à notre théorie une base, sinon inexacte, du moins fort contestable. Dira-t-on qu'il importe à l'intérêt des tiers, des créanciers ou légataires, que le successible accepte sans restriction aucune? Insistera-t-on sur la situation disparate qui se serait produite si une même succession avait pu être recueillie pour une partie et rester abandonnée pour le surplus? Ces raisons ne sont pas décisives; la vacance partielle d'une hérédité n'aurait certainement rien d'anormal. Nous pensons que l'indivisibilité de l'acceptation ne peut s'expliquer que comme conséquence d'une idée nettement formulée par l'art. 1220, C. civ., et qui apparaît sous-entendue dans la matière des successions, à savoir que l'héritier continue, représente la personne du défunt, dont il constitue, pour ainsi dire, une seconde incarnation. Or, cette continuation, cette représentation juridique n'est pas susceptible de se produire seulement pour partie. Il est inadmissible qu'on prétende continuer quelqu'un pour une fraction, un tiers, un quart..., car la personnalité ne se fractionne pas [1]. A la vérité, si plusieurs héritiers sont appelés concurremment, le fractionnement s'opère, mais le défunt est représenté par eux tous; chaque héritier n'en a pas moins une vocation virtuelle à recueillir la succession entière, et dès que les autres font défaut, la circonstance qui limitait l'effet de son acceptation ayant disparu, les parts délaissées viennent forcément s'adjoindre à la sienne sans qu'il soit besoin d'acceptation nouvelle.

II.

10. Nous avons tenu à mettre en relief la véritable raison d'être de la règle de l'indivisibilité de l'acceptation, parce qu'on arrive à des solutions pratiques fort différentes selon qu'on adopte tel ou tel point de départ.

[1] C'est aussi l'opinion qu'émet M. Laurent, *Principes de Droit civil*, t. IX, n° 282.

Ceux qui ne voient dans notre règle qu'une conséquence de l'indivisibilité de l'hérédité, sont logiquement conduits à lui donner une portée d'application générale, quelle que soit d'ailleurs la qualité du successible. Il en serait de même pour les auteurs qui prétendent qu'il y va de l'intérêt des tiers qu'une succession ne puisse être acceptée pour partie seulement. Avec de semblables explications, aucune distinction ne saurait se concevoir. En partant, au contraire, de l'idée que le successible n'est tenu d'accepter pour le tout que parce qu'il représente le défunt, on arrive à restreindre singulièrement l'étendue de la règle : elle ne concernera que les héritiers qui succèdent à la personne, et restera étrangère à ceux qui succèdent uniquement aux biens. Telle est la thèse que nous allons développer; nous la proposerons d'autant plus volontiers qu'elle resserre notablement le domaine d'un principe qui nous a paru arbitraire et sujet à critique.

11. Ce principe s'applique assurément aux héritiers légitimes, ascendants, descendants et collatéraux qui puisent leur vocation dans un lien de parenté légitime, car ils sont les continuateurs juridiques de la personnalité du défunt. Vainement manifesteraient-ils l'intention de restreindre leur vocation héréditaire à une fraction de la succession, cette intention, contraire à la loi, ne doit pas être prise en considération. Le cas s'est présenté. Les enfants d'une femme, mariée sous le régime dotal, s'étaient mis en possession deses immeubles dotaux; ensuite ils declarèrent renoncer à la succession, sous la réserve desdits biens qu'ils entendaient retenir comme affranchis des obligations contractées par leur mère durant le mariage. La Cour de Nancy jugea qu'en prenant possession d'une portion de l'hérédité, ils avaient fait acte d'héritiers purs et simples pour le tout. La Cour suprême rejeta leur pourvoi attendu « que la même succession ne pouvait être acceptée pour « une partie et répudiée pour l'autre[1]. »

Ce cas d'application est certain. Mais des questions analogues à celles que prévoyaient les anciens auteurs peuvent se présenter; il importe de les résoudre.

12. De même qu'on se demandait autrefois si une personne avait la faculté de se porter acceptante dans une coutume et re-

[1] Req. 20 décembre 1841, S. 42. 1. 283.

nonçante dans une autre, de même il y a lieu de se demander actuellement si l'héritier, appelé à succéder en France et à l'étranger, aurait le droit de n'accepter que les immeubles situés en France et d'abandonner ceux qui se trouvent en pays étranger. On conçoit parfaitement le calcul d'un héritier qui désire éviter des déplacements coûteux et lointains peut-être, ainsi que les difficultés d'une liquidation de succession régie par une loi qu'il ignore. Pourra-t-il n'être acceptant que pour la partie du patrimoine qui se trouve chez nous et, invoquant cette acceptation partielle, n'être tenu des dettes du défunt que proportionnellement à ce qu'il prend dans l'actif? Non; aux yeux de la loi française, il ne saurait accepter partiellement l'hérédité d'un individu qu'il représente nécessairement pour le tout. Aussi bien, cette solution n'est guère contestable pour ceux qui soutiennent, en droit international, que le règlement des successions dépend d'une loi unique, celle qui régissait la personne du défunt, quelle que soit la situation des biens qui en dépendent. Cette opinion, proposée par des auteurs respectables, ne nous semble pas admissible en l'état des textes du droit positif; dans le système du Code, une même succession doit être répartie d'après autant de législations différentes que de pays où il y a des biens héréditaires [1]. Dès lors, il semble qu'on pourrait reproduire ici l'argumentation des anciens auteurs : considérer, en pareil cas, l'hérédité comme fractionnée en plusieurs successions, et permettre au successible de se prononcer en sens divers relativement à chacune d'elles. Mais, à notre avis, c'est à tort qu'on rattachait la règle de l'indivisibilité de l'acceptation à l'unité de patrimoine; il y a là deux questions tout à fait indépendantes l'une de l'autre. Au reste, Boullenois prétendait, avec raison, qu'on ne pouvait concevoir qu'il y eût plusieurs successions du chef d'une même personne. La circonstance que le défunt laisse des biens en divers pays n'a pas pour effet de scinder sa fortune en plusieurs universalités indépendantes. Là maxime souvent citée : « *Quot sunt bona diversis territoriis obnoxia, totidem patrimonia intelliguntur* » n'exprime pas une vérité juridiquement exacte, c'est bien plutôt une formule commode pour résumer les conséquences

---

[1] **V. notre étude** : *Questions de Droit international privé à propos de la succession du duc de Brunswick, Revue critique*, 1889, p. 430 et suiv.

pratiques du principe que les règles sur la dévolution des successions rentrent dans le statut réel. Dès que l'héritier est investi par la loi du titre de continuateur du défunt, ce titre, indivisible de sa nature, est exclusif d'une acceptation partielle, quand même la transmission héréditaire du patrimoine serait régie par des lois différentes.

13. Une controverse du même genre s'élève à propos de l'ascendant donateur. En le supposant habile à succéder au donataire comme plus proche parent, pourrait-il ne reprendre que les biens par lui donnés et répudier le surplus de l'hérédité, ou, inversement, sera-t-il recevable à renoncer au droit de retour légal pour ne venir que comme héritier ordinaire? Merlin adopte sans difficulté l'affirmative[1] et c'était, d'après lui, l'avis de Ferrière[2]; un arrêt du parlement de Bretagne du 28 juillet 1744, rapporté par Poullain-Duparc sur l'art. 594 de sa coutume, l'aurait ainsi décidé.

Avant d'aller plus loin, il n'est pas inutile de faire sentir l'intérêt de l'ascendant à prendre tel ou tel parti, car, étant tenu des dettes, il les supportera, dans tous les cas, proportionnellement à l'importance relative de l'actif qu'il recueillera.

Il se peut d'abord que, désireux de recouvrer des biens qui lui ont appartenu, il consente à payer une part des dettes supérieure à leur valeur réelle, et qu'il ne veuille pas assumer la charge de tout le passif, en acceptant la succession entière. En outre, s'il a reçu lui-même des libéralités du *de cujus* il se soustraira à l'obligation d'en effectuer le rapport aux autres héritiers qui viennent concourir avec lui dans la succession ordinaire, en renonçant à celle-ci. D'autre part, l'ascendant aura parfois intérêt à ne pas user du droit de retour légal établi en sa faveur par l'art. 747, C. civ., pour s'en tenir à la succession ordinaire. C'est là, dira-t-on peut-être, pure question de mots, car les objets donnés qu'il refuse de reprendre comme tels, retombent dans la masse héréditaire où il les retrouve, pour le tout s'il est seul héritier, pour partie s'il concourt avec d'autres. Il n'en est rien cependant et il se présentera des hypothèses où pareille combinaison offrira un sérieux avantage, c'est lorsqu'il s'agira de fixer l'étendue du droit

[1] *Répertoire*, v° *Réversion*, sect. 2, § 2, art. 3.
[2] Sur l'art. 331 de la *Coutume de Paris*, § 3, n° 3.

de l'ascendant donateur en conflit avec des libéralités du donataire décédé. Nous touchons ainsi à l'un des plus ardus problèmes que soulève la science du droit. Disons seulement que s'il est admis que l'ascendant n'a droit à aucune réserve sur les biens sujets à réversion[1], il pourra avoir avantage à faire abstraction de son titre de donateur afin que, la succession tout entière, y compris les objets donnés, étant réunie fictivement en une seule masse, la réserve qui lui appartient à titre d'ascendant (art. 915, C. civ.) soit calculée sur une base plus large.

Les auteurs établissent une distinction qu'ils regardent comme fondamentale entre la succession anomale et la succession ordinaire. Séparation complète, absolue, de ces deux masses, les biens donnés forment une universalité à part dans la succession du donataire ; c'est une hérédité qui vient, en quelque sorte, se greffer sur une autre. De la diversité des successions, on conclut que rien n'empêche l'ascendant, appelé à double titre, de répudier l'un et d'accepter l'autre : le principe qui défend les acceptations partielles devient inapplicable[2].

14. Bien qu'il semble toujours téméraire de vouloir s'attaquer à une opinion universellement reçue et adoptée par des autorités imposantes, la théorie qui vient d'être énoncée suscite en notre esprit les doutes les plus sérieux. L'argumentation sur laquelle elle s'appuie nous semble pécher par la base ; nous voudrions, sinon entraîner la conviction, du moins faire partager nos hésitations. Lorsqu'on pose en thèse la dualité des hérédités, on réédite l'idée des jurisconsultes qui, autrefois, séparaient complètement la succession aux propres de la succession aux meubles et acquêts. Mais cette théorie rencontrait déjà dans l'ancien droit des contradicteurs et il serait difficile de dire qu'elle ait triomphé au point de vue

[1] Cette proposition ne paraît guère contestable : Laurent, t. XII, n° 31 ; Demolombe, *Traité des donations*, t. II, n° 125 ; Demante, t. IV, n° 52 *bis* 1.; Aubry et Rau, t. VII, p. 242, § 687, texte et note 2. Voir cependant Labbé, note sous un arrêt de la Cour de Douai du 6 mai 1879, S. 80, 2, 1.

[2] Duranton, t. VI, n° 210 ; Marcadé, sur l'art 747, n° 10 ; Demante, t. III, n° 56 *bis* 6 ; Demolombe, *Traité des successions*, t. I, n°s 488 et 489 ; Aubry et Rau, t. VI, p. 719, texte n° 3 et note 15 ; Laurent, t. IX, n° 206. En sens contraire. Coin-Delisle, *Revue critique*, t. XI, 1857, p. 232.

spécial qui nous occupe [1]. L'art. 747, C. civ., en recherchant l'origine des biens, contrairement à l'art. 732, et en appelant l'ascendant à reprendre les objets donnés opérerait, dit-on, une scission dans le patrimoine du donataire décédé ; il y aurait deux successions, puisque la dévolution de chacune est différemment réglée. Nous croyons, au contraire, qu'une même personne ne peut laisser qu'une succession unique comprenant tout l'ensemble de son patrimoine. On a pu, sans doute, pour la commodité du langage, distinguer la succession ordinaire de la succession anomale, comme jadis on opposait la succession aux biens nobles à la succession aux biens roturiers, la succession aux propres à la succession aux meubles et acquêts. Cependant on doit se garder de se laisser entraîner, dans le raisonnement, par de semblables expressions : il ne s'agit, à vrai dire, que de différentes classes de biens, dévolus à divers ordres d'héritiers, constituant néanmoins les éléments d'une seule et unique universalité. Cette distinction, d'ailleurs, n'est pas aussi absolue qu'on pourrait le penser ; des relations nécessaires s'établissent entre les deux masses ; c'est sur toutes deux que pèsent indistinctement les charges héréditaires, dettes et legs, et qu'il faut fixer la proportion dans laquelle chacune y contribuera. Or, s'il est vrai que cette contribution s'établira nécessairement, est-on bien fondé à prétendre qu'il y a en présence deux successions parallèles aussi indépendantes que le seraient celles de deux individus? On exagère singulièrement l'importance de la disposition exceptionnelle de l'art. 747, C. civ., lorsqu'on veut en faire découler une scission de la succession en deux branches distinctes. La circonstance que, dans un cas particulier, le législateur s'est préoccupé de rechercher l'origine des biens, n'a d'influence que sur la détermination de ceux qui sont appelés à les recueillir; mais, la remarque en a été judicieusement faite [2], elle n'opère pas en réalité un dédoublement dans la succession. Les deux masses héréditaires ont des points de contact trop nombreux pour qu'il soit possible de les isoler. On dira, peut-être, que l'ascendant succédant aux biens donnés par lui et les héritiers appelés à recueillir le surplus de la succession ne sont

[1] Duplessis. *Des successions, liv.* 3, c. 2.
[2] Labbé, note citée, S. 80. 2. 1.

pas cohéritiers, puisqu'il n'y a lieu à procéder à aucun partage entre eux et que l'obligation respective du rapport n'existe pas. Cela serait insuffisant à démontrer l'exactitude du principe que nous contestons. Sans doute, il n'y aura pas un véritable partage entre le donateur et les autres héritiers, mais c'est précisément parce que l'ascendant, qui n'arrive pas en ordre utile pour succéder, ne peut prétendre qu'aux biens qu'il a donnés. La même raison exclut l'obligation du rapport, car le donateur ne prenant que les choses venant de lui, ne saurait prétendre à aucune part des objets dont le défunt aurait disposé au profit d'autres successibles, et, par une juste réciprocité, il ne doit pas le rapport des libéralités qu'il aurait reçues de son descendant. Nous le répétons, ces déductions certaines du principe de l'art. 747 qui limite le droit de l'ascendant à des biens déterminés, n'impliquent nullement l'existence de deux hérédités dans un même patrimoine.

15. Du reste, les auteurs qui posent en thèse la séparation des deux successions, sont loin de rester fidèles à leur principe et ils le font volontiers fléchir pour une raison ou pour une autre [1]. Ce n'est là qu'une simple constatation, elle est toutefois de nature à confirmer notre sentiment. La jurisprudence, elle aussi, n'échappe pas au reproche de contradiction si justement adressé aux auteurs. Ainsi, la Cour de Bourges, après avoir affirmé que le droit de retour légal constitue un droit successoral indépendant et distinct du droit héréditaire qui peut appartenir à l'ascendant dans la succession du donataire décédé sans postérité, ajoute immédiatement, comme correctif, que la séparation des deux successions ne peut être demandée que par l'ascendant donateur et qu'elle n'a plus lieu s'il est en même temps seul héritier légitime [2]. Cette séparation peut, en effet, le cas échéant, lui être tantôt favorable, tantôt défavorable. Prenons des chiffres, voici ceux que l'on a proposés : les biens donnés valent 20,000 francs, le surplus de la succession est de 10,000 francs; le donataire a fait des libéralités consistant en donations entre vifs, ou en legs de corps certains, pour 50,000 francs. Si on tient compte des biens donnés sujets à réver-

---

[1] V. Aubry et Rau, t. VII, § 687, notes 1, 5 et 13, p. 240 et suiv.

[2] Bourges 20 janvier 1879., *D. P.* 79, 2, 174. V. aussi Douai 6 mai 1879, *D. P.* 79, 2, 257.

sion pour le calcul de la réserve à laquelle l'ascendant a droit comme tel, cette réserve sera de 20,000 francs, et il n'y aurait pas lieu à réduction puisque l'ascendant prend dans la succession un émolument de 30,000 francs, c'est-à-dire plus du quart. Que si on distrait les biens donnés de la masse sur laquelle se calculera la réserve, cette dernière ne sera plus que de 15,000 francs et, comme la succession ordinaire ne comprend que 10,000 francs d'actif, les donataires devront subir une réduction de 5,000 francs pour compléter la réserve. En pareil cas, il est incontestablement avantageux pour le donateur ascendant de séparer les deux successions et de suivre ce mode de calcul. Toutes les fois, au contraire, que les libéralités consisteront en legs de sommes d'argent dont l'effet serait d'absorber, en tout ou en partie, la valeur des biens réversibles, l'ascendant aura intérêt à ce que les deux masses n'en forment qu'une seule pour la fixation de la réserve. Ainsi, le dédoublement de la succession ne s'opérerait qu'en tant seulement qu'il serait de nature à produire des résultats favorables à l'ascendant donateur, lui seul en bénéficierait, nul autre ne serait admis à s'en prévaloir ! Voilà donc un principe qu'on présente comme fondamental et qu'on applique ou repousse selon les besoins de la cause. Cette concession qu'on se croit obligé de faire ne rend-elle pas pour le moins fort suspecte la théorie toute entière qui recule devant les conséquences logiques qui devraient rigoureusement en résulter?

16. Fidèle au principe qui nous a toujours servi de guide, nous estimons que la question de savoir si l'ascendant, héritier du donataire, peut ne recueillir que les objets donnés par lui et répudier le reste de la succession, doit être résolue uniquement en considération du titre auquel la loi l'appelle à succéder. Or l'ascendant, venant comme tel à l'hérédité, y vient comme héritier légitime, c'est-à-dire en qualité de continuateur juridique du défunt. C'est également en qualité d'héritier légitime qu'il exerce le droit de retour de l'art. 747. Il y a toutefois des auteurs qui ne voient en lui qu'un successeur universel. Le retour successoral, a-t-on dit, est moins fondé sur le lien de la parenté que sur l'origine des biens qui en forment l'objet ; ce n'est pas comme parent que l'ascendant en est investi, c'est comme donateur. En effet, la loi accorde le même droit de retour à l'adoptant et à ses descen-

dants (art. 351, C. civ.) qui ne sont certes pas héritiers légitimes, puisqu'ils ne sont pas même parents ; elle l'accorde aussi aux frères et sœurs légitimes de l'enfant naturel (art. 766, C. civ.) qui ne sont que des successeurs irréguliers. Dans quelque cas qu'il ait lieu, le droit de retour est identique, les uns ne peuvent l'exercer à titre d'héritiers légitimes, les autres en qualité de simples successeurs aux biens [1]. On a même été jusqu'à prétendre que tous n'étaient que des successeurs à titre particulier parce qu'ils ne succédaient qu'à des choses déterminées [2]. Ces objections ne sont pas fondées et la place qu'occupe l'art. 747 dans un chapitre consacré aux successions légitimes permettrait déjà, à elle seule, de révoquer en doute les opinions que nous venons d'exposer. D'abord, il est inexact de dire que l'ascendant ne succède qu'à titre particulier ; dans les successions déférées par la loi, le titre du successible est nécessairement universel, le droit de retour s'exerce sur des biens envisagés comme formant une certaine universalité juridique. D'autre part, l'ascendant est plus qu'un simple successeur universel, c'est un véritable héritier légitime. La loi ne tient pas compte uniquement de l'origine des biens réversibles, elle se préoccupe aussi de la parenté du donateur avec le donataire ; sa qualité de donateur ne fait que modifier son rang de vocation, elle lui permet de succéder, quoiqu'il ne soit pas le plus proche de sa ligne, de même que jadis l'héritier aux propres pouvait être plus éloigné en degré que l'héritier aux meubles et acquêts. Qu'importe, après cela, qu'un droit analogue à celui de l'art. 747 existe au profit de l'adoptant, des frères et sœurs d'un enfant naturel qui ne sont point des héritiers ! Il ne s'ensuit aucunement que ce titre doive être dénié à l'ascendant donateur, et c'est résoudre la question par la question que d'affirmer gratuitement que les personnes appelées à reprendre dans la succession du donataire les biens dont elles l'ont gratifié, en vertu des art. 351, 747 et 766, viennent toutes exercer ce droit en la même qualité [3].

<hr>

[1] Aubry et Rau, t. VI, § 640 *bis* texte et note 1, p. 717.

[2] Laurent, t. IX, n°s 195 et 196.

[3] En ce sens Demolombe, *Traité des successions*, t. I, n° 481 *bis* et Demante, t. III, n° 56 *bis* 1.

Si l'ascendant donateur rentre dans la catégorie des héritiers légitimes, il sera soumis au principe qui prohibe les acceptations de successions *pro parte*. Par suite, quand il se trouve en ordre utile pour succéder, il ne saurait reprendre exclusivement dans l'hérédité les choses données par lui. Continuateur de la personne du défunt, il ne peut, pas plus que tout autre héritier, diviser son acceptation. De même encore, son acceptation porte virtuellement sur la succession entière : la renonciation des héritiers plus proches qui l'excluaient aura pour effet de l'appeler à recueillir la masse totale de l'hérédité. Il est vrai qu'il n'y aura pas alors accroissement au sens exact et rigoureux du mot, puisque celui qui use du retour légal et les autres héritiers ne sont pas appelés par la loi aux mêmes biens. Seulement, en vertu de l'indivisibilité du titre d'héritier légitime, la renonciation d'un successible à lui préférable, profitera nécessairement au donateur ascendant qui, venant en ordre utile pour appréhender l'intégralité du patrimoine du donataire, prétendrait vainement vouloir s'en tenir aux biens réversibles.

17. En sens inverse, le donateur pourrait-il ne pas se prévaloir du droit de retour et ne venir à la succession que comme héritier ordinaire ? On a vu précédemment l'avantage que présente cette combinaison au point de vue du calcul de la réserve. Il le pourra sans difficulté. Ici, en effet, le principe de l'indivisibilité de l'acceptation ne subit aucune atteinte car, alors, les biens donnés demeureront confondus avec le reste de l'hérédité, ils formeront un élément de son actif. En décider autrement serait tourner contre l'ascendant la disposition de l'art. 747, C. civ. Ce texte lui accorde un bénéfice, il est libre de ne pas s'en prévaloir. La circonstance que, à la qualité d'ascendant, il joint celle de donateur ne saurait avoir pour effet de le placer dans une situation moins favorable que ne le serait celle de tout ascendant [1].

18. Des héritiers légitimes passons aux autres successeurs universels pour rechercher si la règle de l'indivisibilité de l'acceptation s'applique aussi à eux. L'enfant naturel, ses père et mère, le conjoint survivant et l'État, sont qualifiés par la loi de *successeurs irréguliers*. La différence qui les sépare des héritiers légi-

---

[1] Dijon, 23 déc. 1868. S. 70. 2. 16. *D. P.* 70. 2. 79. Cf. Douai, 6 mai 1879, *sup. cit.*

times n'est pas pure question de terminologie. Le législateur a établi entre eux une ligne de démarcation nettement tranchée : les uns continuent la personne du défunt, les autres ne succèdent qu'à ses biens. Cette différence que nous signalons a cependant été contestée, et des auteurs ont soutenu que toute personne avait nécessairement un représentant juridique dans ceux qui viennent recueillir sa succession et que quiconque prenait l'universalité ou une quote-part du patrimoine devait être considéré comme étant *loco heredis*[1]. Ce n'est pas ici le lieu d'entrer dans l'examen d'une controverse, qui s'agite surtout lorsqu'on se demande si ces successeurs sont tenus des dettes héréditaires *ultra vires*. Disons seulement que la thèse d'après laquelle tous les successeurs irréguliers seraient des continuateurs du défunt se heurte à des objections qui semblent invincibles et qu'elle va à l'encontre des précédents comme aussi des textes du Code. Pothier expliquait la dénomination de successeurs irréguliers attribuée à certains successibles en disant « qu'ils succédaient *non pas à la personne, mais seulement aux biens*[2]. » Les textes ne sont pas moins positifs : l'art. 723, C. civ. décide qu'à défaut d'héritiers légitimes « *les biens passent* aux enfants naturels, ensuite à l'époux survivant, et, s'il n'y en a pas, à l'État. » En outre, l'art. 756, Code civil, refuse formellement aux enfants naturels le titre d'héritiers. Tout cela implique qu'il y a seulement succession aux biens. D'ailleurs c'est en ce sens que le doute, s'il était possible, devrait se trancher, car la continuation de la personne du défunt par celui qui recueille son patrimoine est une création fictive de la loi qui ne peut résulter que d'un texte précis. Cette idée de continuation tient à la solidarité de la famille qui n'existe qu'entre individus unis par un lien de parenté dont le mariage est la source[3].

19. Étant admis que la continuation de la personne est attachée exclusivement au titre d'héritier et qu'il ne s'opère en faveur des successeurs irréguliers qu'une pure transmission de

---

[1] Demolombe, *Successions*, t. I, n° 160. La jurisprudence n'a pas eu encore à statuer.

[2] *Successions*, chapitre VI.

[3] V. Aubry et Rau, t. VI, p. 253, 259, 687, 696 et 706 texte et note 23; Laurent, t. IX, n° 100.

biens, le principe qui prohibe l'acceptation partielle d'une hérédité restera étranger à cette classe de successibles. Ils seront par conséquent recevables à n'accepter que pour partie. Si le successeur irrégulier, l'enfant naturel, concourt avec des héritiers légitimes, la part qu'il ne prend pas ira à ceux-ci; alors même que la succession tout entière lui serait dévolue, nous lui permettrons encore, en l'absence d'un texte impératif, de limiter son option à une quote-part du patrimoine héréditaire : simple successeur aux biens, pourquoi ne pourrait-il pas en prendre une partie et délaisser le reste?

Repoussant le principe de l'indivisibilité de l'acceptation, nous rejetterons aussi les conséquences qu'en déduisent les art. 782 et 786, C. civ. Le successeur irrégulier meurt-il avant d'avoir obtenu l'envoi en possession?. Ses héritiers seront, chacun individuellement, dans une indépendance absolue pour le parti à prendre à l'égard de la succession échue à leur auteur, solution bien plus satisfaisante que celle de l'art. 782, C. civ. Le droit d'accepter, divisible pour le successeur irrégulier lui-même, continue à l'être pour ses héritiers. De même l'accroissement ne sera pas forcé, puisque cet effet se rattache à l'indivisibilité du titre d'héritier : deux enfants naturels sont appelés à succéder, l'un a demandé la délivrance, l'autre ne l'a pas demandée, on ne pourra imposer au premier l'obligation de prendre la part du second. L'accroissement sera ainsi purement volontaire et non plus forcé [1].

20. Occupons-nous à présent des successions testamentaires; faut-il suivre les mêmes principes que pour les successions *ab instestat?* Les légataires sont-ils soumis, et dans quelle mesure, à la règle de l'indivisibilité de l'acceptation?

Aujourd'hui encore des interprètes, sur la foi des lois romaines, affirment que le légataire ne peut accepter pour partie et répudier pour une autre : le legs serait, au point de vue de l'acceptation, tout-aussi indivisible que l'hérédité *ab intestat* [2].

[1] Nous nous rencontrons pour ces solutions avec MM. Laurent, t. IX, n° 448 et Demante, t. III, n°ˢ 102 *bis* 7 et 106 *bis* 3; ce dernier, pourtant, ne les propose qu'avec une certaine réserve. En sens contraire, Demolombe, *Successions*, t. II, n° 354 et t. III, n° 42.

[2] V. Merlin, *Répertoire*, v° *Légataire*, § 4, n° 5; Troplong, *Donations et testaments*, t IV, n° 2153.

Dans le silence des textes, il faut rechercher si les raisons qui ont déterminé le législateur à refuser aux héritiers légitimes la faculté d'accepter *pro parte* existent également en ce qui concerne les légataires. C'est là précisément l'un des intérêts que présente la question très grave de savoir s'il convient d'assimiler les légataires universels ou à titre universel aux héritiers proprement dits. Il existe à l'heure actuelle une tendance très accentuée à repousser toute distinction entre eux ; les uns, comme les autres, seraient de véritables continuateurs de la personne. Cette tendance est conforme, sans doute, à la conception moderne qui ne voit dans la succession *ab intestat* que le testament présumé du défunt ; avec un tel point de départ, il est difficile de distinguer entre les héritiers et les légataires. Telle est l'opinion consacrée par la Cour de Cassation et qu'adoptent beaucoup d'auteurs [1]. D'où cette conclusion que les règles tracées par la loi pour l'acceptation des successions doivent s'étendre aux légataires universels et à titre universel et, spécialement, que le titre de légataire est aussi indivisible que celui d'héritier. Il est inutile d'entrer dans une controverse qui semble épuisée et pour laquelle tous les arguments ont été produits. D'après une autre opinion, plus exacte à nos yeux, les textes du Code, pris dans leur ensemble, impliquent le maintien de la règle coutumière que la volonté de l'homme ne peut faire des héritiers « *Deus solus heredem facere potest, non homo.* » Comme autrefois, en pays de coutumes, et contrairement à la tradition romaine, les successeurs qui puisent leur vocation dans un testament ne sont pas des représentants du défunt [2].

21. Si on se rallie à l'opinion qui réunit nos préférences, et si l'on admet que les légataires ne succèdent jamais à la personne mais uniquement aux biens, on décidera qu'ils peuvent accepter partiellement la libéralité qui leur a été faite. Qu'il s'agisse de légataires universels, à titre universel ou simplement de légataires particuliers, peu importe. Un individu, par exemple, à qui le testateur a légué le tiers de toute sa fortune, sera recevable à ne de-

----

[1] Cass. 13 août 1851, S. 51. 1. 281 ; *D. P.*, 51. 1. 457, Demolombe, *Successions*, t. I, n⁰ˢ 80, 132 *bis*, 160, t. III, n⁰ˢ 115 à 117.

[2] Aubry et Rau, t. VII, § 723, p. 497 à 499, notes 5 et 6 ; Laurent, t. XIV, n⁰ˢ 101 et suiv. ; Cf. Locré, t. II, p. 323 et 506.

mander la délivrance que pour le tiers des immeubles. Peu importe aussi que le légataire universel jouisse, ou non, du bénéfice de la saisine. La saisine accordée par l'art. 1006, C. civ., au légataire universel qui ne concourt pas avec des héritiers à réserve, n'a nullement pour effet de conférer à celui-ci le titre de représentant du défunt, elle le dispense seulement de demander aux parents du testateur la délivrance de son legs ; ce titre n'appartient qu'aux héritiers légitimes appelés par la loi à succéder. Aucune relation de cause à effet n'existe entre l'attribution de la saisine et la continuation de la personne, ainsi l'exécuteur testamentaire peut avoir la saisine (art. 1026, C. civ.) bien qu'il ne soit pas héritier[1]. L'acceptation partielle du légataire universel saisi aura pour résultat, soit de faire passer les biens non recueillis aux héritiers non réservataires, soit de rendre la succession vacante pour partie ; ce dernier résultat d'ailleurs n'a rien de choquant, car il suffira d'appliquer à cette vacance les règles que la loi a tracées pour la vacance totale. Ce que le légataire pourrait faire, ses héritiers aussi le pourront ; le principe qui servait de base aux dispositions des art. 781 et 782, C. civ., faisant ici défaut, ces articles doivent rester étrangers aux successions testamentaires ; par suite, les héritiers du légataire décédé après l'ouverture du legs, mais avant d'avoir pris parti, seront admis à l'accepter ou à le répudier à leur gré, chacun pour sa part[2].

Les solutions que nous venons de proposer ne seraient plus exactes dans le système de la jurisprudence qui assimile les légataires universels ou à titre universel à des héritiers légitimes et attribue à tous une qualité essentiellement indivisible. D'après elle le légataire particulier, simple successeur aux biens, serait seul recevable à n'accepter qu'une partie de la libéralité faite à son profit. Il convient toutefois de signaler ici un arrêt de la Cour de Nancy qui a déclaré, contrairement à l'arrêt célèbre de la Chambre civile du 13 août 1851, « que les légataires, même uni- « versels *ne succédaient qu'aux biens et ne représentaient pas*

---

[1] *Sic.* **Bugnet** sur Pothier, t. VIII, p. 243 ; **Marcadé** sur l'art. 1006 ; *Contrà*, **Demante**, t. III, n° 24 *bis* 3 ; **Aubry** et **Rau**, t. VII, § 722, p. 488 ; **Laurent**, t. XIII, n° 552.

[2] *Cf.* **Demolombe**, *Donations entre vifs et testaments*, t. V, n° 332.

« *la personne du défunt*[1] », et la Cour en a tiré cette conclusion qu'ils pouvaient n'accepter que pour partie.

22. Les seules limitations qu'il convienne, selon nous, d'apporter à la faculté du légataire de diviser son option tiennent soit à l'indivisibilité de l'objet du legs, soit à l'intention du testateur. Il est bien certain, en effet, que la nature indivisible de l'objet légué rend impossible toute acceptation partielle. D'autre part, l'intention du testateur, qu'il faut toujours consulter, peut ne laisser au légataire que le choix entre l'acceptation ou la répudiation totale. Question d'intention, par conséquent de fait. Ainsi un collectionneur qui veut éviter que les objets qu'il a rassemblés viennent à être dispersés après sa mort aux hasards d'une vente aux enchères, lègue toute sa collection à une personne qu'il sait partager ses goûts, ou encore à un musée ; une acceptation partielle dans ce cas serait impossible, elle irait à l'encontre du désir évident du testateur, or un legs ne saurait être accepté contrairement à la volonté du disposant. Pour conclure d'un mot, nous dirons que la vocation du légataire n'est pas, en elle-même, indivisible, à moins que le contraire ne résulte ou de la nature du legs, ou du caractère que le testateur a vraisemblablement entendu lui attribuer.

Quant aux legs faits au profit des pauvres, des hospices ou établissements d'utilité publique (art. 910, C. civ.) et qui doivent être autorisés par le gouvernement, on s'accorde, sans difficulté, à reconnaître que l'autorité compétente a toute latitude pour fixer les limites dans lesquelles elle entend autoriser l'acceptation de la libéralité.

23. Si, au lieu d'un legs unique, on suppose plusieurs legs distincts faits au même légataire, celui-ci pourra, à plus forte raison, accepter l'un tandis qu'il répudie l'autre. Cependant, lorsque l'un des deux legs se trouvait grevé de charges, les auteurs anciens ne permettaient pas d'accepter le legs fait sans charges et de refuser l'autre, ils obligeaient le légataire à accepter ou à refuser les deux legs dans leur ensemble[2]. Dans le droit nouveau,

---

[1] Nancy, 1er fév. 1884, S. 86. 2. 136 ; *D. P.*, 85. 2. 180.

[2] Pothier, *Donations et testaments*, chap. VI, sect. 3, § 3 et introduction au titre XVI *de la coutume d'Orléans*, n° 135. Cf. L. 5, pr. et § 1, *De legat.* 1° D. et L. 22, *De fideicom. libert.* D.

cette opinion ne saurait plus être admise; aucun principe ne s'oppose à ce que le bénéficiaire de deux legs différents accepte l'un, en répudiant l'autre. Il n'en serait autrement que si, à raison de circonstances de fait telles que la nature du legs, les charges qui y sont apposées, ou les termes du testament, ces legs étaient unis par un lien étroit de connexité [1].

24. L'intérêt pratique de la controverse que nous venons d'agiter s'est surtout présenté au point de vue fiscal. Il s'agit, en effet, de rechercher si, en cas d'acceptation partielle, cette acceptation restreinte doit servir de base à la perception du droit de mutation par décès, ou si, au contraire, l'administration de l'enregistrement est fondée à réclamer l'acquittement du droit pour le tout, comme s'il y avait eu acceptation intégrale. Voici l'espèce sur laquelle la Cour de cassation a eu à statuer. Un légataire est appelé par testament à recueillir la propriété du mobilier du testateur et l'usufruit de tous ses autres biens; il déclare ne vouloir accepter que le legs du mobilier et partie seulement du legs d'usufruit, renonçant au surplus en faveur des nus-propriétaires. Or il renonçait à la plus grande partie de l'usufruit légué, précisément afin de ne pas s'exposer à payer en entier les droits de mutation qui, à raison de son âge avancé, seraient peut-être beaucoup supérieurs à l'émolument qu'il retirerait de son legs. La régie combattait ces prétentions, elle soutenait que le titre du légataire était indivisible comme celui de l'héritier, que le legs devait être pris dans son ensemble et accepté ou répudié pour le tout et que, par suite, l'acceptation partielle étant non avenue, les droits à percevoir étaient exigibles sur la totalité des objets légués.

La question à résoudre était étroitement liée à celle de savoir quel caractère il convient de reconnaître au legs de l'usufruit de tous les biens d'une succession : est-ce un legs universel ou un legs à titre particulier? Si la Cour régulatrice avait vu dans le legs d'usufruit un legs universel, elle eût assurément accueilli les prétentions de l'enregistrement puisqu'elle assimile les légataires universels aux héritiers et interdit aux uns comme aux autres d'accep-

---

[1] Demolombe, *Donations et testaments*, t. V, n° 331; Laurent, t. XIII, n° 552 *in fine.*

ter *pro parte*[1]. Mais la Cour a implicitement reconnu, au contraire, que le legs était à titre particulier, car elle déclare que le droit de mutation doit être calculé sur la partie des biens acceptée par le légataire, ce qui implique nécessairement que l'acceptation ainsi limitée est régulière et opposable à la régie[2].

L'arrêt de la Cour de cassation que nous venons de citer, le premier qui ait statué sur ce point[3], présente d'autant plus d'importance qu'il rompt avec les traditions suivies jusque-là aussi bien par l'administration de l'enregistrement, que par les tribunaux pour le calcul des perceptions fiscales.

L'administration avait toujours posé en principe que l'acceptation partielle d'un legs ou d'une donation équivalait à une acceptation totale pour l'exigibilité des droits de mutation, et, de leur côté, les tribunaux avaient jugé que l'acceptation était indivisible à l'égard du fisc, par ce motif que le légataire puisait son titre dans un testament, titre unique qu'il ne pouvait scinder[4].

[1] La question est très discutée. Plusieurs regardent le legs d'usufruit de tous les biens comme un legs d'universalité : Delvincourt, t. II, p. 95; Duranton, t. IV, nᵒˢ 522 et 633 et t. IX, nᵒ 908; Troplong, nᵒ 1848; Zachariæ, Massé et Vergé, t. III, § 487, p. 249 et 250 texte et note 13; Labbé, observations *J. Pal.*, 63, 113; *Sic.* cass. 8 déc. 1862, S. 63. 1. 34; *D. P.*, 63. 1. 73. D'autres n'y voient qu'une disposition à titre particulier : Proudhon, *Usufruit*, t. II, p. 476; Marcadé, art. 1010, nᵒ 3; Aubry et Rau, t. VII, § 714, note 19; Colmet de Santerre, t. IV, nᵒ 157 *bis* 2; Mourlon, *Répét. écrites*, t. I, nᵒ 1605; Demolombe, *Usufruit*, nᵒ 258 et *Donations*, t. IV, nᵒ 586; Laurent, t. XIII, nᵒ 526. Les Cours d'appel se sont prononcées en ce sens dans de nombreux arrêts, V. Rennes, 15 janv. 1880, S. 81. 2. 185.

[2] Civ. rej. 8 juill. 1874, S. 74. 1. 492, *D. P.*, 74. 1. 457. Voir surtout le jugement du tribunal de première instance.

[3] La Cour de cassation avait précédemment jugé que le bénéficiaire de deux legs distincts qui acceptait seulement l'un des deux échappait ainsi au droit de mutation sur le legs répudié. Dans l'espèce, une personne avait légué à son frère l'usufruit de ses immeubles et la pleine propriété de son mobilier; le légataire avait renoncé au legs d'usufruit et accepté le legs de propriété. L'administration contestait la validité de l'acceptation divisée, ses prétentions furent repoussées (Civ. cass. 5 mai 1856, S. 56. 1. 618; *D. P.*, 56. 1. 218).

[4] *Délib. de l'admin. de l'enregist.*, 16 avril 1825; 26 juin 1827. *Instruct. de l'admin. de l'enregist.* 30 sept. 1825, nᵒ 1173, § 7 et 15 déc. 1827, nᵒ 1229, § 11. Trib. de la Seine 18 avril 1857, *D. P.*, 57. 3. 69.

25. L'acceptation *pro parte* n'est évidemment permise que si elle se concilie avec la nature du legs et les intentions du testateur ; il peut arriver cependant que, malgré l'indivisibilité du legs résultant soit de la nature de son objet, soit de la volonté du disposant, le légataire ne prenne possession, en fait, que d'une partie du legs. En pareille circonstance, l'acceptation restreinte ne serait plus opposable à la régie ; cette dernière n'a pas à tenir compte du fait que le légataire a pris possession seulement de tels ou tels biens. L'exécution partielle de la libéralité étant impossible et, d'autre part, la libéralité ne pouvant être réputée non avenue dès qu'elle a reçu effet, au moins partiellement, le droit de mutation par décès sera perçu pour le tout.

III.

26. Un dernier point, très bref, reste à étudier : préciser quelle est la sanction de l'indivisibilité de l'acceptation. Limitée à une fraction de l'hérédité, elle est nulle, mais qu'est-ce à dire et quelle sera au juste la situation de l'héritier ?

Généralement on décide, en doctrine, qu'il est réputé accepter la totalité ; on tient pour non écrite la restriction qu'il a apportée à son acceptation ; celle-ci équivaut donc à une acceptation intégrale, illimitée [1]. Cette opinion, quoique très accréditée, nous paraît difficile à admettre. Dans le droit moderne, l'acceptation est un acte éminemment volontaire, nul n'est héritier malgré lui ; or, il est impossible de se placer, en quelque sorte, au-dessus de la volonté du successible pour lui imposer, toujours et quand même, un parti qu'il n'a pas voulu prendre et aller au delà de ses intentions. Aussi faut-il les scruter, tout en tenant compte des faits. De là une distinction.

27. Il se peut que, dans sa pensée, son acceptation soit étroitement subordonnée au maintien de la restriction qu'il y a mise. En pareil cas, toutes les fois qu'il sera reconnu que l'héritier, qui accepte pour partie, entendait ne pas accepter du tout si cette mo-

---

[1] Toullier, t. IV, n° 312 ; Duranton, t. VI, n° 374 ; Chabot, art. 774, n° 10 ; Aubry et Rau, t. VI, § 611, p. 739. V. aussi trib. de Langres 4 déc. 1872, S. 74. 1. 493 ; *D. P.*, 74. 1. 457.

dalité venait à être séparée de son acceptation, celle-ci sera nulle et non avenue. Selon la remarque fort juste de Furgole « l'acceptation ne pouvant valoir pour partie, elle ne vaut pour rien ». L'héritier se trouve alors dans la même situation que s'il n'avait rien fait [1].

28. Si, au contraire, il appert des circonstances que le successible n'a pas fait essentiellement dépendre son acceptation de l'efficacité de la restriction qu'il y insérait, cette restriction sera tenue pour non écrite, et l'acceptation, quoique partielle, équivaudra à une acceptation totale. J'ajoute que ce dernier résultat se produira nécessairement, lorsque le successible s'est immiscé dans les biens de la succession, en a disposé ; vainement dirait-il n'avoir voulu accepter que pour ceux-là. Les actes de disposition ont pour effet de lui attribuer la qualité d'héritier pour le tout, puisqu'ils impliquent acceptation tacite (art. 778 et 780, C. civ.). Comme le disait déjà Loisel dans ses Institutes coutumières « *Qui prend des biens de succession jusqu'à la valeur de cinq sols, fait acte d'héritier.* » [2] Dès lors, les restrictions apportées à l'acceptation sont non avenues, ce n'est qu'une protestation impuissante, démentie par le fait lui-même : « *Nil valet protestatio contra actum* ».

Ce que nous venons de dire de l'héritier devrait s'appliquer aussi, pour les mêmes raisons, aux légataires universels ou à titre universel, dans l'opinion qui enseigne que ces légataires sont soumis à la règle de l'indivisibilité de l'acceptation.

29. En ce qui concerne les légataires particuliers, l'acceptation *pro parte* est possible en principe, à moins qu'elle ne soit inconciliable avec la nature indivisible du legs, ou avec la volonté manifeste du testateur. Qu'arrivera-t-il donc si, malgré cette indivisibilité, le légataire déclare n'accepter que partiellement ; une telle acceptation emportera-t-elle acceptation totale ? Notre réponse sera toujours la même, car l'acquisition d'un legs, comme d'une hé-

---

[1] Furgole, *Des testaments*, ch. X, sect. 1, n° 153 ; Demolombe, *Successions*, t. 11, n° 362 ; Championnière et Rigaud, *Traité des droits d'enregistrement,* n°⁵ 527, 528.

[2] Liv. II, tit. 5, règle 3 , adde *Coutume de Paris*, art. 317 et d'Orléans, art. 336.

rédité, dépend de l'intention de celui qui est appelé à en bénéficier. Quand il a formellement déclaré n'en vouloir que pour une portion, on ne saurait lui en imposer la totalité ; mais comme, d'un autre côté, le caractère indivisible de la libéralité ne permet pas de la scinder, la conclusion est qu'il n'aura rien acquis. Son acceptation est non avenue ; il se trouve dans la même situation que s'il n'en avait fait aucune, ne pouvant être obligé au delà de l'intention qu'il a témoignée. Si, cependant, le légataire avait pris possession, en fait, d'une partie du legs, il serait réputé l'avoir accepté intégralement ; cette prise de possession implique la volonté d'en recueillir l'émolument : l'acceptation s'étendra virtuellement au tout puisque l'exécution partielle n'est pas admissible. Nous n'avons plus à revenir sur l'intérêt que présente cette dernière observation au point de vue de la perception des droits d'enregistrement.

Paris. — Imp. F. Pichon, 282, rue Saint-Jacques, & 24, rue Soufflot.